Бениньо Нуньез Ново

Бразильская система образования

Право на образование в Бразилии

ScienciaScripts

This book is a translation from the original published under ISBN 978-613-9-62217-7.

Publisher:
Sciencia Scripts
is a trademark of
Dodo Books Indian Ocean Ltd. and OmniScriptum S.R.L publishing group

120 High Road, East Finchley, London, N2 9ED, United Kingdom
Str. Armeneasca 28/1, office 1, Chisinau MD-2012, Republic of Moldova, Europe

ISBN: 978-620-7-27468-0

Прежде всего, Богу за готовность выполнить эту работу.

Наконец, я хотел бы отдать должное друзьям, которых я приобрел за время работы над этим трудом, и всем, кто внес свой вклад в его завершение.

РЕЗЮМЕ

ВВЕДЕНИЕ

Право на образование является частью комплекса прав, называемых социальными, в основе которых лежит ценность равенства между людьми. В Бразилии это право было признано только в Федеральной конституции 1988 года. До этого у государства не было формального обязательства гарантировать качественное образование для всех бразильцев. В список основных прав человека входит право на образование, подкрепленное национальными и международными стандартами. Это фундаментальное право, поскольку оно включает в себя процесс развития личности, соответствующий состоянию человека.

В список основных прав человека входит право на образование, подкрепленное национальными и международными стандартами. Это фундаментальное право, поскольку оно включает в себя процесс индивидуального развития, соответствующий состоянию человека. Помимо индивидуальной перспективы, это право должно рассматриваться, прежде всего, коллективно, как право на образовательную политику, на позитивную поддержку со стороны государства, которое предоставляет обществу инструменты для достижения его целей.

Правительство, как один из тех, кто отвечает за развитие образования,

должны способствовать поддержке не только в области формирования государственной политики (исполнительной), в области законотворчества (законодательной), но и в области формирования государственной политики (исполнительной), но и в области формирования государственной политики (законодательной).
выполнение роли защитника и контролера этого права (судебная власть).

Различные институты

государственной власти играют важную роль в обеспечении прав граждан. В такой неравной стране, как Бразилия, где распределение прав отражает это неравенство, гарантия права на образование, несомненно, является приоритетом и основополагающим шагом на пути к укреплению гражданства. Образование является общей компетенцией всех субъектов федерации, составляющих бразильское государство. Оно является субъективным общественным правом для всех.

Часть первая

ДОКЛАД ВСЕМИРНОГО БАНКА ЗА НОЯБРЬ 2017 ГОДА С ДАННЫМИ ОБ ОБРАЗОВАНИИ В БРАЗИЛИИ

ГЛАВА I

СПРАВЕДЛИВАЯ КОРРЕКТИРОВКА: АНАЛИЗ ЭФФЕКТИВНОСТИ И СПРАВЕДЛИВОСТИ ГОСУДАРСТВЕННЫХ РАСХОДОВ В БРАЗИЛИИ

В докладе Всемирного банка "Справедливая корректировка: Анализ эффективности и справедливости государственных расходов в Бразилии" от 21 ноября 2017 года на страницах с 121 по 138 посвящен образованию в Бразилии.

Рост государственных расходов и сокращение числа учащихся приводят к увеличению расходов на одного ученика и неэффективному соотношению учеников и учителей. В более богатых муниципалитетах эффективность еще ниже, учитывая более быстрый демографический переход, который приводит к более быстрому сокращению числа учащихся в системе государственных школ. Конституционное обязательство тратить 25 % налоговых поступлений на образование способствует тому, что эти муниципалитеты быстрее увеличивают расходы на одного ученика. Эти дополнительные расходы не всегда приводят к повышению качества обучения, что ведет к неэффективности. Помимо относительно низкого соотношения числа учащихся и учителей, система государственного образования в Бразилии характеризуется низким качеством преподавания и высоким уровнем неуспеваемости. Все эти факторы приводят к значительной неэффективности. Если бы все муниципалитеты и штаты могли подражать наиболее эффективным школьным сетям, можно было бы повысить успеваемость (с точки зрения проходного балла и успеваемости учащихся) на 40 % в начальной школе и на 18 % в средней школе при сохранении прежнего уровня государственных расходов. Вместо этого Бразилия расходует на 62 % больше средств, чем требуется для достижения тех результатов, которые сегодня наблюдаются в государственных школах, что соответствует почти 1 % ВВП. Государственные расходы на высшее образование также крайне неэффективны, и почти 50 % ресурсов можно было бы сэкономить. Государственные расходы на начальное и среднее образование прогрессивны, но расходы на высшее образование крайне регрессивны. Это указывает на необходимость ввести плату за обучение в университетах и улучшить доступ к финансированию высшего образования (программа FIES).

ГЛАВА II

РАСХОДЫ НА ОБРАЗОВАНИЕ В БРАЗИЛИИ

Государственные расходы на образование распределены между тремя уровнями власти. Большая часть расходов федерального правительства идет на высшее образование. В Бразилии большинство начальных школ (с 1 по 9 класс) находятся в ведении муниципалитетов, а ответственность за среднее образование лежит на штатах. Однако федеральное правительство передает ресурсы субнациональным системам образования посредством бюджетных трансфертов. Федеральное правительство также финансирует государственные университеты и программы технического и профессионального образования и подготовки. Все большая доля федеральных расходов на образование связана с финансовой помощью студентам, обучающимся в частных высших учебных заведениях.

В последние годы государственные расходы на образование быстро растут, превышая уровень аналогичных стран. В 2014 ′ году, после десятилетия быстрого роста, расходы на образование достигли 6 % ВВП. В 2010 году расходы на образование в Бразилии были выше, чем в среднем по странам ОЭСР (5,5 %), БРИКС (5,1 %) и Латинской Америки (4,6 %). В период с 2000 по 2014 год государственные расходы на все уровни образования увеличивались в реальном выражении на 5,3 % в год.

Рост расходов происходил во всех сферах, но наибольшие темпы роста наблюдались в дошкольном и среднем образовании. Расходы на одного ученика росли еще быстрее (10,1 % в год в реальном выражении), поскольку в 2000-х годах число учащихся в государственных начальных и средних школах сократилось из-за демографических изменений и миграции в частные учебные заведения. По отношению к ВВП на душу населения расходы на начальное образование в расчете на одного ученика выросли почти вдвое - с 11,9 % от ВВП на душу населения в 2002 году до 21,8 % в 2014 году.

В последнее десятилетие расходы на высшее образование стремительно растут. За последние 15 лет число студентов высших учебных заведений в Бразилии увеличилось в три раза, и ключевую роль в этом процессе сыграли частные институты. На долю государственных университетов приходится 25 % от общего числа студентов, а на долю федеральных университетов - 15 %. В 2015 году федеральное правительство потратило

около 0,7% ВВП на высшее

образование, в основном за счет трансфертов федеральным университетам и студенческих кредитов (в частности, через программу FIES).

В 2015 году государственные средства, выделенные 63 федеральным университетам Бразилии, составили около 0,5 % ВВП. С 2010 года федеральный бюджет, выделяемый на федеральные университеты, ежегодно увеличивался в среднем на 12 % в номинальном выражении или на 7 % в реальном выражении. Учитывая ежегодный рост числа студентов на 2 %, это означает реальное ежегодное увеличение расходов на одного студента в федеральных университетах на 5 %.

Средние расходы на одного студента в сфере высшего образования невелики, но они значительно выше в

университеты и федеральные институты. В 2012 году расходы на высшее образование в расчете на одного студента составляли около 38 % от среднего показателя по странам ОЭСР, что несколько выше сопоставимых стран в региональном и структурном разрезах. Уровень расходов на одного студента сопоставим с другими странами при контроле ВВП на душу населения. Однако если рассматривать только государственные институты, то уровень расходов на одного студента близок к тому, что наблюдается в странах, где ВВП на душу населения вдвое выше, чем в Бразилии, и намного выше, чем в ряде стран ОЭСР, таких как Италия и Испания. Более того, обучение в государственных университетах Бразилии в среднем обходится в два-три раза дороже, чем в частных вузах. Несмотря на более высокую стоимость обучения в расчете на одного студента, добавленная стоимость государственных университетов в среднем аналогична добавленной стоимости частных университетов.

ГЛАВА III

РЕАЛЬНОЕ ПОЛОЖЕНИЕ ДЕЛ В СФЕРЕ ОБРАЗОВАНИЯ В БРАЗИЛИИ

Результаты образования в Бразилии улучшились, но остаются низкими, если учесть резкое увеличение расходов. Несмотря на значительные успехи в области доступа, завершения образования и обучения в бразильской системе образования за последние два десятилетия, качество преподавания по-прежнему остается очень низким. Бразилия добилась значительных успехов в математическом тесте PISA (Program for International Student Assessment). С 2002 по 2012 год средний балл в Бразилии вырос с 68% до 79% от среднего показателя по ОЭСР. Однако с тех пор результаты упали до 77 % в 2015 году (на том же уровне, что и в 2009 году). При учете уровня расходов на одного учащегося результаты PISA по-прежнему неутешительны. Результаты Бразилии по математическому тесту PISA в 2012 году составили лишь 83 % от ожидаемых для стран с тем же уровнем расходов на одного учащегося. Такие страны, как Колумбия и Индонезия, например, достигли аналогичных результатов PISA, затратив гораздо меньше средств на одного ученика. Такие страны, как Чили, Мексика и Турция, тратят на обучение столько же, сколько Бразилия, и добиваются более высоких результатов.

Неэффективность расходов на базовое образование в Бразилии высока и постоянно растет. Анализ развернутости данных (DEA) с использованием данных ОЭСР PISA по образованию в Бразилии и других странах Латинской Америки показывает, что бразильские школы относительно неэффективно используют ресурсы (DEA, ориентированный на затраты). Более того, средний уровень неэффективности вырос с 45 % в 2006 году до 55 % в 2012 году. Несмотря на увеличение расходов на одного ученика, большинству школ не удалось повысить эффективность, что привело к снижению общей производительности. Эффективность и успеваемость коррелируют: школы с лучшими результатами также являются наиболее эффективными. 25% школ с наилучшими показателями в среднем на 20% эффективнее, чем школы из второго квартиля. Хотя факторы, обуславливающие более высокие результаты работы школ, в значительной степени являются идиосинкразическими и связаны с управлением школами, более крупные школы, городские школы и частные школы, как правило, имеют более высокие показатели эффективности и результативности.

Низкая эффективность бразильской системы образования отражается в высоких показателях неуспеваемости и отсева, несмотря на низкое и сокращающееся соотношение числа учащихся и учителей. Более 35 % учащихся повторяют хотя бы один год обучения в начальной и средней школе по сравнению с менее чем 15 % в ОЭСР и сопоставимых по структуре странах, таких как Турция и Россия. Уровень отсева также чрезвычайно высок (26 %) по сравнению с ОЭСР (4 %) и сопоставимыми странами региона (14 %). И это несмотря на то, что в Бразилии относительно низкое соотношение учеников и учителей. На самом деле, среднее соотношение ученик-учитель снижается, потому что количество учащихся в системе государственного образования уменьшается. В 2014 году соотношение учеников и учителей составляло 23 в начальной школе и 19 в основной школе. Эти показатели выше среднего по ОЭСР (15 и 13 соответственно), но несколько ниже среднего по структурно сопоставимым странам (25 и 22 для начального и среднего образования соответственно) (OECD, 2014).

Низкий уровень окончания средней школы - еще один показатель низкой эффективности системы образования. В среднем учащиеся оканчивают среднюю школу в 19 лет, что несколько выше среднего показателя по сопоставимым региональным и структурным странам. Однако высокие показатели неуспеваемости и отсева, наблюдаемые в Бразилии, обусловливают высокий процент учащихся, заканчивающих среднюю школу.

удивительно большое количество учащихся, которые не заканчивают среднюю школу до 25 лет. Это, по-видимому, является основной причиной высоких расходов на одного выпускника средней школы в Бразилии, которые гораздо выше, чем в любой другой стране Латинской Америки.

Большой разрыв в уровне образования начинается в начальной

школе и продолжается в высших учебных заведениях, что приводит к высокой средней стоимости обучения студента. Общий коэффициент охвата высшим образованием в Бразилии составляет 42 %, что гораздо выше соответствующего чистого показателя в 16 %. Это означает, что более половины бразильских студентов должны были бы уже закончить высшее образование. Неудачи не только дорого обходятся, но и свидетельствуют о недостаточной поддержке студентов с низкими результатами - часто из неблагополучных семей.

Низкий уровень подготовки учителей является основным

фактором, сдерживающим

качество образования. Преподаватель остается профессией дискредитированы. Вступительные требования для получения степени слабые, а подготовка низкого качества. Помимо отсутствия избирательности при найме учителей в государственные и муниципальные системы образования, заработная плата не связана с результатами работы. Изменение этой парадигмы потребует скоординированных реформ государственной политики на федеральном, государственном и муниципальном уровнях. Однако демографические тенденции откроют широкие возможности для повышения уровня подготовки учителей и качества образования в ближайшее десятилетие, поскольку, по оценкам, в период с 2010 по 2025 год численность населения школьного возраста сократится на 25 %. Это, в сочетании с большим количеством учителей, которые выйдут на пенсию в ближайшие несколько лет, позволит провести более тщательный отбор при найме меньшего количества учителей, которые потребуются для замены тех, кто выйдет на пенсию.

Минимальная зарплата бразильских учителей соответствует уровню зарплат в других странах с аналогичным уровнем дохода на душу населения. Однако зарплата учителей в Бразилии быстро растет после начала их карьеры. Благодаря автоматическому продвижению по службе в зависимости от стажа работы и участия в программах обучения, в течение 15 лет карьеры учителя получают зарплату, превышающую среднюю.

зарплата становится в два-три раза выше стартовой в реальном выражении.

значительно выше, чем в большинстве стран мира. Кроме того, стоит отметить, что бразильские учителя имеют право на относительно щедрые пенсионные планы по сравнению с другими странами ОЭСР. Эта щедрость пенсионных выплат намного выше международных стандартов. В то время как зарплата учителей начальной школы соответствует уровню стран с аналогичным уровнем доходов, зарплата преподавателей университетов кажется более щедрой, чем в других странах.

чтобы быть выше нескольких стран с более высоким уровнем дохода на душу населения.

Сравнение эффективности работы различных бразильских муниципалитетов указывает на возможность экономии в размере 1 % ВВП, если все муниципалитеты будут подражать тем, кто находится на границе эффективности. Высокий разброс показателей между муниципалитетами отчасти отражает разнообразие Бразилии, но также свидетельствует о наличии значительной неэффективности. Был проведен DEA-анализ, в ходе которого сравнивались показатели эффективности, основанные на индексе развития базового образования (IDEB) и расходах на образование на уровне муниципалитетов и штатов. В среднем различия в расходах муниципалитетов и штатов объясняют только 11% показателей IDEB, что свидетельствует о том, что Эффективные методы управления оказывают значительное влияние на результаты. Если бы все школы могли сравниться с наиболее эффективными, то успеваемость повысилась бы на 40 % в начальной школе и на 18 % в средней. Вместо этого Бразилия тратит на 62 % больше, чем необходимо для достижения наблюдаемых результатов.

соответствует 56 млрд реалов (или почти 1% ВВП). Из этой суммы 27 и 15 миллиардов реалов можно сэкономить, соответственно, на муниципальном и государственном начальном образовании, и 15 миллиардов реалов - на государственном среднем образовании.

На Севере и Северо-Востоке есть возможности для улучшения показателей за счет увеличения расходов, в то время как возможности для экономии больше в Южном, Юго-Восточном и Центрально-Западном регионах. Муниципалитеты и штаты на севере и северо-востоке, как правило, более эффективны, и дополнительные ресурсы окажут большее влияние на эти регионы. Более того, сокращение расходов в этих регионах может негативно сказаться на успеваемости. В школах штатов и муниципалитетов Южного, Юго-Восточного и Центрально-Западного регионов, где расходы на одного ученика выше, сокращение расходов, похоже, не угрожает результатам. Они, как правило, менее эффективны и могут получить больше пользы от совершенствования управления.

Неэффективность начального и среднего образования в основном связана с чрезмерным количеством учителей.

Примерно 39% неэффективных расходов Бразилии на образование связано с низким соотношением числа учащихся и учителей (СОУ). Если бы все школы достигли порога эффективности, Бразилия могла бы увеличить количество учеников на одного учителя на 33 % в начальной школе и на 41 % в средней. В качестве альтернативы, сокращение числа учителей, исходя из текущего количества учащихся, позволило бы сэкономить около 22 миллиардов реалов (или 0,33% ВВП), из которых 17 миллиардов реалов в начальном образовании и 5 миллиардов реалов в среднем образовании. Низкое соотношение числа учащихся и учителей является серьезной проблемой в начальном образовании в Южном, Юго-Восточном и Центрально-Западном регионах, где демографические изменения приводят к быстрому сокращению числа учащихся в государственных школах. В значительной степени эту проблему можно решить, не заменяя часть учителей, которые скоро выйдут на пенсию. Сокращение числа учителей за счет выхода на пенсию может привести соотношение к эффективному уровню в начальной школе к 2027 году, а в средней школе - к 2026 году.

Также можно повысить эффективность, сделав

учителя уделяют больше времени занятиям в классе и сокращают количество прогулов. Учителя в Бразилии тратят много времени на непродуктивную деятельность. В среднем учителя используют только 65% своего времени для преподавания, в то время как согласно передовой практике

Идеальный вариант - 85%. Также необходимо сократить количество прогулов среди учителей. Например, в Сан-Паулу этот показатель составляет 16 %, а в Пернамбуку - 10 % (по сравнению с 5 % в США). Прогулы связаны с факторами окружающей среды (дорожное движение, насилие, жара, стресс), но также вызваны разрешительными законами, которые предоставляют отпуск по многим непроверяемым причинам. Кроме того, несоответствие между результатами работы, стажем и оплатой труда, а также слабые механизмы мониторинга и контроля означают, что у учителей мало стимулов для поддержания адекватной посещаемости. В международной литературе предлагаются некоторые возможные решения: введение бонуса за посещаемость для учителей; совершенствование механизмов учета пропусков и посещаемости; введение и применение угрозы увольнения за чрезмерные прогулы; введение пенсионных пособий; публикация средних показателей прогулов в отчетах о работе школы.

Конституционное закрепление расходов на образование на уровне 25 процентов от муниципальных доходов также способствует неэффективному расходованию средств. Богатые муниципалитеты с высоким уровнем чистого текущего дохода на одного ученика, как правило, гораздо менее эффективны, чем бедные муниципалитеты. Поэтому вполне вероятно, что для соблюдения конституционных правил многие богатые муниципалитеты будут вынуждены тратить средства на статьи, которые не всегда способствуют повышению качества обучения. Это тем более тревожно, учитывая резкие демографические изменения, которые переживает страна. Поскольку коэффициент рождаемости стремительно падает ниже 1,8, во многих муниципалитетах стремительно сокращается число учеников, особенно в начальной школе. Учитывая, что такое сокращение числа учеников не обязательно связано с падением чистого текущего дохода, это означает, что для соблюдения закона многие муниципалитеты вынуждены тратить все больше и больше на одного ученика, даже если доход остается неизменным. Более того, эти дополнительные расходы часто не являются необходимыми и, следовательно, не приводят к повышению уровня обучения. Следствием этого является еще больший рост неэффективности.

Часть вторая

ПОЛОЖИТЕЛЬНЫЙ ОПЫТ И
ВЫСШЕЕ ОБРАЗОВАНИЕ

ГЛАВА I

ПОЛОЖИТЕЛЬНЫЙ ОПЫТ

В Бразилии нет недостатка в положительном и инновационном опыте повышения качества образования в условиях ограниченных ресурсов. Инновации в управлении школами в штате Сеара показали, как улучшить

значительно улучшить результаты обучения с помощью стимулов к успеваемости. В штате Сеара распределение государственных налоговых поступлений (ICMS) основано на индексе качества образования в каждом муниципалитете. В Сеаре также проводятся мероприятия по повышению качества обучения, например, программа "Грамотность в раннем возрасте" (Programa de Alfabetizapao na Idade).

Certa (PAIC) и ввела поставку учителям заранее подготовленных учебных материалов и материалов по обучению грамоте. В штате Амазонас учителя проходят аттестацию сразу после приема на работу, и только лучшие из них остаются в школе. Обязательный двухчасовой онлайн-курс и итоговая аттестация являются обязательными требованиями для всех учителей во время испытательного срока. В штатах Рио-де-Жанейро и Пернамбуку введены премии для учителей и персонала, основанные на результатах работы школы. В Рио-де-Жанейро также отменили политическое назначение региональных координаторов и директоров школ, а также ввели оценку

В рамках этого проекта проводятся регулярные встречи с директорами школ и регионов, на которых распространяются результаты и отмечаются школы с наилучшими показателями. Все эти эксперименты доказали свою экономическую эффективность, не только улучшив успеваемость учащихся, но и повысив эффективность государственных расходов на образование.

ГЛАВА II

ВЫСШЕЕ ОБРАЗОВАНИЕ В БРАЗИЛИИ

Подавляющее большинство бразильцев, получающих высшее образование, учатся в частных университетах. В 2015 году из примерно 8 миллионов студентов университетов только около двух миллионов учились в государственных университетах. Небольшое меньшинство студентов, обучающихся в государственных университетах Бразилии, как правило, являются выходцами из более обеспеченных семей, посещавших частные начальные и средние школы.

Несмотря на это, расходы на одного студента в государственных университетах Бразилии значительно выше, чем в других странах с аналогичным ВВП на душу населения.

В среднем обучение в государственных университетах Бразилии обходится в два-три раза дороже, чем в частных. В период с 2013 по 2015 год среднегодовая стоимость обучения одного студента в частных некоммерческих и коммерческих университетах составляла примерно 12 600 и 14 850 реалов соответственно.

федеральные университеты - в среднем 40 900 реалов. Государственные общественные университеты стоят меньше, чем федеральные, но все равно намного дороже частных - примерно 32 200 реалов. Стоимость обучения одного студента в федеральных институтах, большинство из которых были основаны в 2008 году, составляет примерно 27 850 реалов.

Как студенты

Хотя государственные университеты, как правило, показывают более высокие результаты в стандартизированных экзаменах, добавленная стоимость частных университетов, по-видимому, аналогична добавленной стоимости частных университетов. Средний балл ENADE в государственных университетах выше, чем в частных.

Однако студенты, поступающие в государственные университеты, как правило, уже достигли более высокого уровня обучения еще до начала учебы. По этой причине наиболее подходящим показателем для оценки добавленной стоимости является сравнение полученного балла с ожидаемым баллом до поступления в университет. По предметам, связанным с точными науками, частные университеты, как правило, дают такую же добавленную стоимость, как и государственные университеты. Что касается гуманитарных дисциплин, то частные университеты, за исключением Федеральных институтов, дают больше преимуществ. В области биологических наук наибольшую ценность представляют федеральные институты и государственные университеты; при этом федеральные университеты обеспечивают примерно такую же ценность в расчете на одного студента, как и частные некоммерческие университеты, однако стоят они примерно в три раза дороже.

Частные университеты
Бразильские компании, как правило, более рентабельны, чем государственные. Один
Анализ DEA, сравнивающий затраты на одного студента с индексом добавленной стоимости ENADE, показал, что эффективность

государственных университетов в среднем составляет всего 79%. Другими словами, можно было бы достичь таких же показателей, затратив примерно на 20 % меньше ресурсов. Средняя эффективность некоммерческих и коммерческих частных университетов составляет 88 % и 86 % соответственно.

По оценкам, за счет повышения эффективности федеральные университеты и институты могли бы экономить около 10,5 млрд реалов в год и при этом получать столько же, сколько сегодня. Государственные университеты могли бы экономить около 2,7 миллиарда реалов в год.

Государственные расходы на начальное и среднее образование

приносят больше пользы бедным, чем богатым. Поскольку бедные в большей степени зависят от сети государственных школ, государственные расходы на начальное образование, в частности, носят прогрессивный характер. Более 60 % расходов на начальное образование идет на пользу нижним 40 % распределения доходов. Государственные расходы на начальное образование II, среднее образование и дошкольное образование также прогрессивны, хотя и в меньшей степени, поскольку беднейшие слои населения имеют меньший доступ к этим услугам. В этом случае на долю беднейших 40% приходится около 50% всех расходов.

Однако расходы на высшее образование очень регрессивны. Государственное высшее образование получает львиную долю финансирования в расчете на одного студента (около 5 000 долларов США в PPC). Несмотря на быстрый рост числа студентов высших учебных заведений в Бразилии, доступ к этому уровню образования остается крайне несправедливым. В 2002 году ни один студент университета не относился к беднейшим 20 % населения и только 4 % - к беднейшим 40 %. В 2015 году около 15 % студентов высших учебных заведений входили в группу 40 % самых бедных. Государственные расходы на высшее образование в основном идут на пользу студентам из более обеспеченных семей. В частности, федеральные университеты полностью финансируются федеральным правительством и не взимают плату за обучение. Однако только 20% студентов относятся к 40% беднейшего населения, в то время как 65% - к 40% богатейшего. Эта несправедливость усугубляется тем, что доступ в государственные университеты регулируется очень конкурентным вступительным экзаменом. Студенты из более обеспеченных семей могут позволить себе оплачивать услуги частных репетиторов или посещать начальные и средние классы в частных школах, которые обеспечивают лучшую подготовку к этим вступительным экзаменам. У студентов из более бедных семей, напротив, гораздо меньше шансов попасть в государственные университеты.

ГЛАВА III

ДОКЛАД ОЕКД 2017 О ВЫСШЕМ ОБРАЗОВАНИИ В БРАЗИЛИИ

Организация экономического сотрудничества и развития (ОЭСР) - международная организация, объединяющая 35 стран, исповедующих принципы представительной демократии и свободной рыночной экономики, целью которой является создание платформы для сравнения экономической политики, решения общих проблем и координации внутренней и международной политики. Большинство членов ОЭСР

- это страны с высоким уровнем ВВП на душу населения и индексом человеческого развития, которые считаются развитыми странами.

Она возникла в 1948 году как Организация экономического сотрудничества (OECE), возглавляемая Робером Маржоленом из Франции, для помощи в управлении планом Маршалла по восстановлению Европы после Второй мировой войны. Позже ее членами стали неевропейские государства. В 1961 году Конвенция об Организации экономического сотрудничества и развития реформировала ОЭСЭ и дала начало Организации экономического сотрудничества и развития.

Экономичный.

Штаб-квартира ОЭСР расположена в замке Шато де ла Муэтт в Париже, Франция.

Отчет ОЭСР "Образование с первого взгляда" за 2017 год дает возможность задуматься о проблемах, с которыми сталкивается высшее образование в Бразилии.

Во-первых, необходимо понять миссию высшего образования. В Бразилии оно в основном является инструментом профессиональной подготовки. Возможно, эта модель подходила для первой половины XX века, но она уже не соответствует прогрессу в экономике и технологиях.

В более развитых странах

наблюдается тенденция к разделению высшего образования на две части. Первая - общее образование, где люди учатся глубоко мыслить.

Чем строже они будут, тем больше Чем более "универсальными" и менее прикладными становятся эти курсы, тем более важными они становятся в обществе, где мы не знаем, какими будут рабочие места будущего. Следует отметить, что небольшая часть высшего образования в развитых странах направлена на подготовку технологов, на краткосрочных курсах. Во второй части высшего образования студенты стремятся получить профессиональную подготовку более высокого уровня или готовятся к началу академической карьеры.

В Бразилии, где профессии сильно зарегулированы, учебные программы "привязаны" к месту, с множеством предметов и обязательных курсов. Другими словами, количеству отдается предпочтение перед качеством. В этом отношении мы идем вразрез с самыми развитыми странами.

Вторая проблема - это качество. В большинстве развитых стран около 30 % выпускников средних школ поступают в высшие учебные заведения, и эта цифра растет на протяжении последних нескольких десятилетий. В очень немногих странах, например в США, этот показатель превышает 50 %. В большинстве европейских стран доступ к высшему образованию все еще достаточно ограничен и избирателен, а институты, которые почти всегда являются государственными, как правило, поддерживают очень схожие стандарты.

В Бразилии другие реалии - некоторые университеты и курсы являются селективными, но подавляющее большинство - нет. По данным Pisa, менее 10 % бразильских студентов смогли бы получить высшее образование в европейских странах, и гораздо меньше 1 % смогли бы пройти конкурс в элитных североамериканских университетах.

Данные ENEM также подтверждают эту ситуацию. Другими словами, проблема качественного высшего образования начнет решаться только тогда, когда страна будет выпускать выпускников средних школ с достаточным уровнем подготовки.

Третья проблема - институциональная. Законодательная база высшего образования в Бразилии

В ее основе лежит идея из "Университета преподавания, исследований и расширения" - модель, которая изначально

Внедрена в Германии в XIX веке. Не все

Высшие учебные заведения осуществляют эти три вида

деятельности, что создает чрезвычайные расходы для того, чтобы соответствовать модели - или обходить законодательство. Система управления государственными университетами не стимулирует их к эффективности. Управление частными институтами сопряжено с чрезвычайно дорогостоящей системой регулирования, которая ничего не делает для повышения конкуренции, снижения затрат или улучшения качества. У нас огромные входные барьеры для иностранных преподавателей, что снижает давление на наших собственных. И мы предлагаем очень мало привлекательного для хороших аспирантов из других стран.

Часть третья

ДИАГНОСТИКА ВЫСШЕГО ОБРАЗОВАНИЯ В БРАЗИЛИИ ПО ДАННЫМ ОТЧЕТА ОЭСД ЗА 2017 ГОД

ГЛАВА I

РЕАЛЬНОСТЬ ВЫСШЕГО ОБРАЗОВАНИЯ ПО ДАННЫМ ОТЧЕТА ОЭСД ЗА 2017 ГОД

В отчете ОЭСР "Образование с первого взгляда" за 2017 год представлено исследование, в котором проанализированы системы образования 45 стран. В исследовании говорится, что Бразилия инвестирует в студентов университетов в три с лишним раза больше, чем тратит на учащихся начальной и средней школы.

Бразилия - одна из стран, которая тратит меньше всего средств на учащихся начальной и средней школы, но расходы на студентов университетов растут.

по сравнению с европейскими странами, по данным Организации по сотрудничеству и развитию Экономика (ОЭСР).

В исследовании "Взгляд на образование" организация анализирует системы образования 35 стран-членов организации, подавляющее большинство из которых являются развитыми, а также десяти других экономик, таких как Бразилия, Аргентина, Китай и Южная Африка.

Доклад раскрывает противоречия образования в Бразилии: половина взрослых бразильцев не заканчивает среднюю школу, а зарплаты учителей остаются низкими. Одной из самых поразительных цифр стала информация о том, что в 2015 году более половины взрослых в возрасте от 25 до 64 лет не получили среднего образования, а еще 17 % не закончили начальную школу. Эти показатели ниже средних, наблюдаемых в других странах, анализируемых ОЭСР, в которых 22 % взрослых не получили среднего образования и 2 % закончили начальную школу.

С другой стороны, наблюдается увеличение доли взрослых (25-34 лет), которые завершили последний этап базового образования, с 53% в

2010 году до 64% в 2015 году.

Бразилия тратит 3,8 тысячи долларов США (11,7 тысячи реалов) в год на каждого студента [a]первый цикл начального образования (до 5 класса), говорится в документе. Долларовая стоимость рассчитана на основе паритета покупательной способности (ППС) для международного сравнения.

Эта цифра составляет менее половины средней суммы, затрачиваемой в год на каждого ученика на этом этапе обучения в странах ОЭСР, которая равна 8,7 тысячи долларов. Люксембург, возглавляющий список, тратит 21,2 тысячи долларов.

Среди стран, проанализированных в исследовании, только шесть тратят на десятилетних детей меньше, чем Бразилия, включая Аргентину (3,4 тысячи долларов), Мексику (2,9 тысячи долларов) и Колумбию (2,5 тысячи долларов). На последнем месте оказалась Индонезия, которая тратит всего 1,5 тысячи долларов.

Ситуация не отличается и в последних классах начального и среднего образования. Бразилия ежегодно тратит на эти циклы одинаковые суммы в размере 3 800 долларов США на одного ученика и занимает одно из последних мест в списке из 39 стран, предоставивших данные по этому вопросу.

Средний показатель в странах ОЭСР в последние годы начального и среднего образования составляет 10 500 долларов США на одного ученика, что на 176% больше, чем в Бразилии.

Только 15% бразильских студентов в возрасте от 25 до 34 лет получают высшее образование по сравнению с 37% в ОЭСР, 21% в Аргентине и 22% в Чили и Колумбии. Однако по сравнению со странами БРИКС (блок, состоящий из Бразилии, России, Индии, Китая и Южной Африки) Бразилия находится в лучшем положении: в Китае - 10 %, в Индии - 11 %, в Южной Африке - 12 %.

В Бразилии в 2015 году около 37

% дипломов бакалавриата были получены в области бизнеса, управления и права, что соответствует показателям большинства других стран, участвовавших в исследовании.

Далее, предпочтение бразильцев в то время было отдано педагогике - 20% абитуриентов, что является одним из самых высоких показателей среди всех стран. Отчет также показывает, что только Коста-Рика и Индонезия имеют более высокие показатели выбора педагогики (22% и 28%), соответственно).

Только 15% студентов Бразильцы предпочли наука, техника, инженерное дело и

Математика, одна из самых низких ставок,

но по сравнению с соседними странами, такими как Аргентина (14%) и Колумбия (13%). Среди стран ОЭСР этот показатель составлял 23 %.

Что касается неравенства в доступе к высшему образованию, то в Бразилии наибольшие различия наблюдаются между штатами. Если в Федеральном округе 35 % молодых людей в возрасте от 25 до 34 лет посещают университет, то в Мараньяо этот показатель в пять раз ниже (7 %).

Хотя в отчете признается, что Бразилия - очень большая и разнообразная страна, по сравнению с другими крупными государствами, такими как США и Россия, неравенство здесь гораздо более драматично: разброс в процентном соотношении достигает пяти раз, в то время как в других странах он составляет менее трех раз.

Однако в противовес этому следует отметить, что почти 75% бразильских студентов высших учебных заведений обучаются в частных учебных заведениях, тогда как в среднем по странам ОЭСР этот показатель составляет около 33%.

Однако авторы доклада предупреждают, что в этом случае препятствием может стать отсутствие механизмов финансирования студентов, и такие программы, как Fies, могут помочь бразильцам получить высшее образование здесь.

Ситуация в Бразилии меняется, когда речь заходит о расходах на студентов университетов: сумма возрастает почти до 11 700 долларов США (36 000 реалов), что более чем в три раза превышает расходы на начальное и среднее образование.

По этой сумме Бразилия близка к некоторым европейским странам, таким как Португалия, Эстония и Испания, где расходы на одного студента университета составляют 11,8, 12,3 и 12,5 тысяч долларов соответственно, и даже превосходит такие страны, как Италия (11,5 тысяч долларов), Чехия (10,5 тысяч долларов) или Польша (9,7 тысяч долларов).

Средний показатель в странах ОЭСР составляет 16 100 долларов США, что обусловлено более высокими расходами в таких странах, как США, Норвегия, Люксембург и Великобритания.

Расходы на студентов университетов в Бразилии также превышают аналогичный показатель Южной Кореи - 9,6 тыс. долл.

Азиатская страна, которая тратит чуть больше средств на начальное образование (9700 долларов США), входит в число лидеров по результатам Программы международной оценки успеваемости учащихся (PISA), проводимой ОЭСР. Тест проверяет знания 15-летних школьников в области естественных наук, математики и понимания прочитанного.

С другой стороны, Бразилия находится на одном из последних мест по результатам теста PISA, и только 17% молодых людей в возрасте от 25 до 34 лет имеют высшее образование, что является одним из самых низких показателей среди стран, участвовавших в исследовании.

В среднем страны-члены ОЭСР тратят на одного студента университета почти вдвое меньше, чем на учащихся начальной школы, говорится в документе, "а Бразилия и Мексика - в три раза больше".

В недавних исследованиях

ОЭСР отмечается рост государственных инвестиций в образование в Бразилии. В процентном отношении к ВВП Бразилия близка к среднему показателю среди стран, входящих в эту организацию.

Расходы на образование составили 4,9% от ВВП Бразилии (последняя цифра, доступная в исследовании). Средний показатель для стран ОЭСР составляет 5,2 % ВВП.

В то же время ОЭСР заявляет о необходимости увеличить расходы на одного ученика в начальном и среднем образовании, которые значительно ниже той суммы, которую организация считает достаточной.

Несмотря на повышение уровня инвестиций в образование в Бразилии, страна по-прежнему занимает одно из последних мест по результатам оценочных тестов PISA.

По мнению организации, это связано с тем, что в стране расширился доступ к образованию, а в систему образования стали вовлекаться учащиеся из неблагополучных семей и те, у кого задержка в обучении, что в итоге снижает общую успеваемость бразильских школьников.

ГЛАВА II

ПРОБЛЕМЫ ОБРАЗОВАНИЯ В БРАЗИЛИИ

Можно сэкономить почти 1% ВВП за счет повышения эффективности начального и среднего образования без ущерба для текущего уровня предоставляемых услуг. Некоторые варианты реформ для повышения эффективности на этих уровнях образования. Разрешить увеличить соотношение учеников и учителей в наиболее неэффективных школах, чтобы постепенно достичь уровня эффективности за счет отказа от замены уходящих на пенсию учителей. В среднем граница эффективности будет достигнута в начальном образовании к 2027 году, если не заменять выходящих на пенсию учителей; в среднем образовании граница будет достигнута к 2026 году. Одна только эта мера позволит сэкономить до 0,33% ВВП. Еще одна рекомендация для муниципалитетов, которым необходимо заменить уходящих на пенсию учителей, - ограничить прием на работу новых учителей, увольнение которых крайне затруднено, а расходы значительны, поскольку они рано выходят на пенсию с полной зарплатой. Расширять и распространять положительный опыт управления школами, который показал хорошие результаты в различных штатах и муниципалитетах по всей стране. К числу хороших примеров мероприятий, которые можно было бы повторить, относятся: назначение директоров школ на основе их результатов и опыта (а не политических назначений); выплата премий учителям и персоналу в зависимости от результатов работы школы; адаптация государственной политики к конкретным местным потребностям; обмен опытом и передовой практикой; выделение наиболее успешных школ.

Бразилия сталкивается с огромными проблемами в области высшего образования. То тут, то там встречаются островки превосходства - но это островки, на которых учебные заведения, профессора и исследователи платят высокую цену за то, чтобы не поддаться всеобщей посредственности.

огресс нации во многом зависит от количества и качества ее элиты, а это напрямую связано с качеством высшего образования. Государственное образование в Бразилии должно оставаться бесплатным и качественным для студентов, которые не могут себе этого позволить, в качестве вопроса социальной справедливости.

Взрослые с университетским образованием также реже страдают от депрессии, чем те, кто не получил высшего образования. Молодые люди все чаще хотят получить образование в Бразилии, которое повысит их квалификацию, а не выходить на рынок труда сразу после окончания обязательного образования. В период с 2000 по 2016 год доля молодых людей в возрасте от 20 до 24 лет, продолживших обучение, увеличилась на 10 %, в то время как среди тех, кто работал, этот показатель снизился на 9 %.

Библиографические ссылки

1.   БРАЗИЛИЯ.   Политическая конституция Бразильской империи от 25 марта 1824 года. Рио-де-Жанейро, 1824 год.

2.   БРАЗИЛИЯ. Закон от 15 октября 1827 года. Предписывает создание начальных школ во всех городах, поселках и наиболее населенных пунктах империи. Рио-де-Жанейро, 1827 год.

3.   Аранха, Мария Люсия де Арруда. История образования и педагогики. 3-е изд. Сан-Паулу: Moderna, 2009. p. 222.

4.   БАРРОЗО,   Жозе   Либерато.

Государственное образование в Бразилии. Рио-де-Жанейро: Гарнье, 1867.

5. БРАЗИЛИЯ. Закон № 16 от 12 августа 1834 года. Вносит некоторые изменения и дополнения в Политическую конституцию Империи на основании Закона от 12 октября 1832 года. Рио-де-Жанейро, 1834 год.

6. Даллабрида, Н. Реформа Франсиско Кампоса и национализированная модернизация среднего образования. Educagao, Порту-Алегри, v. 32, n. 2, p. 185-191, май/авг. 2009.

7. АРАНХА, 2009, с. 224-225.

8. БРАЗИЛИЯ. Decree no. 7.247/1879. Реформирует начальное

и среднее образование в муниципалитете Корте и высшее образование по всей империи. Рио-де-Жанейро, 1879.

9. ПАЛЬМА ФИЛЬО, Жоао Кардозу. Бразильская образовательная политика. Сан-Паулу: CTE, 2005.

10. БРАЗИЛИЯ. Декрет № 981 от 8 ноября 1890 года. Утверждает Положение о начальном и среднем образовании в Федеральном округе. Рио-де-Жанейро, 1890.

11. БРАЗИЛИЯ. Конституция Республика Соединенных Штатов Бразилии от 24 февраля 1891 года. Рио-де-Жанейро, 1891 год.

12. БРАЗИЛИЯ. Декрет № 3.890 от

1 января 1901 года. Утверждает Кодекс официальных институтов высшего и среднего образования при Министерстве юстиции и внутренних дел. Рио-де-Жанейро, 1901.

13. БРАЗИЛИЯ. Декрет № 3.914 от 23 января 1901 года. Утверждает положение о Национальной гимназии. Рио-де-Жанейро, 1901.

14. БРАЗИЛИЯ. Декрет № 8.659 от 5 апреля 1911 года. Утверждает организационный закон о высшем и начальном образовании в Республике. Рио-де-Жанейро, 1911.

15. БРАЗИЛИЯ. Декрет № 11.530 от 18 марта 1915 года. Реорганизует среднее и высшее образование в Республике. Рио-де-Жанейро, 1915 г.

16.   БРАЗИЛИЯ. Декрет № 16.782-A, от

13 января 1925 г. Учреждает конкурс Союза по распространению начального образования, организации Национальный департамент образования, реформа среднего и высшего образования и другие меры. Рио-де-Жанейро, 1925.

17.   АРАНХА, 2009, с. 302-304.

18.   AZEVEDO, Fernando [et al.]. A reconstrupao educacional no Brasil: ao povo e ao governo; manifesto of the pioneers of Educapao Nova. Sao Paulo: Cia. Editora Nacional, 1932.

19. БРАЗИЛИЯ. Decree no. 19.890/1931. Об организации среднего образования. Рио-де-

Жанейро, 1931.

20.   БРАЗИЛИЯ.   Декрет   №
21.241/1932. Укрепляет положения об
организации среднего образования и
вносит другие положения. Рио-де-
Жанейро, 1932.

21.   PALMA, 2005, p. 35.

22.   БРАЗИЛИЯ. Декрет-закон .
4.073/1942. Lei organica do ensino
industrial. Рио-де-Жанейро, 1942.

23.   БРАЗИЛИЯ. Декрет-закон №.
4.244/1942.   Леоорганическое
образование
Секундарио. Рио-де-Жанейро, 1942.

24.   БРАЗИЛИЯ. Декрето-Лейн .
6.141/1943. LeiOrganicadoEnsino
Коммерция.   Рио-де-Жанейро,   1943
год.

25. БРАЗИЛИЯ. Декрето-Лейн . 8.529/1946. LeiOrganicadoEnsino Примарио. Рио-де-Жанейро, 1946.

26. БРАЗИЛИЯ. Декрето-Лейн . 8.530/1946. Lei Organica do Ensino Normal. Рио-де-Жанейро, 1946.

27. БРАЗИЛИЯ. Декрето-Лейн . 9.613/1946. Lei Organica do Ensino Agricola. Рио-де-Жанейро, 1946.

28. БРАЗИЛИЯ. Декрето-Лейн . 9.724/1946. Утверждает Соглашение между Министерством образования и здравоохранения и Межамериканским образовательным фондом Инк. о профессиональном промышленном образовании и вносит другие положения. Рио-де-Жанейро, 1946.

29. OTRANTO, C. R.; PAMPLONA,

R. M. Профессиональное образование от Бразилии Империо до реформы Капанемы: дихотомия в бразильском образовании и обществе. In: V Congresso Brasileiro de Historia da Educagao, 2008, Aracaju. Преподавание и исследования в области истории образования, 2008.

30. БРАЗИЛИЯ. Конституция Эстадос Унидос ду Бразил, от 18 сентября 1946 года. Рио-де-Жанейро, 1946 год.

31. Мариани, Клементе. Exposipao de motivos da mensagem presidencial n. 605 de 29 de outubro de 1948. Diario do Congresso Nacional, 13/11/1948, p. 11615-11617.

32. БРАЗИЛИЯ. Закон №

4.024/1961. Устанавливает руководящие принципы и основы национального образования. Бразилиа, 1961.

33. HENTSCHKE, JensR . Реконструкция бразильской нации. Государственное школьное образование в эпоху Варгаса. Баден-Баден: Nomos, 2007 стр. 136145.

34. БРАЗИЛИЯ. Закон 5.540/1968. Учреждает

правила организации и

функционирование высшего образования и его объединение со средней школой, а также другие меры. Бразилиа, 1968.

35. BATTISTUS, C.; LIMBERGER, C.; CASTANHA, A. Estado militar e as

reformas educacionais. Revista Educere et Educare, Cascavel, v. 1, n. 1, p. 227232, 2006.

36. Ротен, Хосе Карлос. За кулисами университетской реформы 1968 года. Educ. Soc., Campinas, v. 29, n. 103, p. 453-475, 2008.

37. БРАЗИЛИЯ. Закон 5.692/1971. Устанавливает руководящие принципы и основы для обучения в 1 и 2 классах и содержит другие положения. Бразилиа, 1971.

38. АРАНХА, 2009, с. 316-318.

39. БРАЗИЛИЯ. Декрет №. 68.908/1971. Декрет о вступительных экзаменах при поступлении на курсы высшего образования. Бразилиа, 1971.

40. БРАЗИЛИЯ. Закон № 7.044/1982. Вносит изменения в положения Закона № 5.692 от 11 августа 1971 г., касающиеся профессионализации среднего образования. Бразилиа, 1982.

http://documents.worldbank.org/curated/en/884871511196609355/pdf/121480-REVISED-PORTUGUESE-Brazil-Public-Expenditure-Review-Overview-Portuguese-Final-revised.pdf

http://www.oecd-ilibrary.org/docserver/download/9617042e.pdf?expires=1505742573&id=id&accname=guest&checksum=9A1473703553566C867665F6E09222A1